15 mars 1888 PN

VENTE DU JEUDI 15 MARS 1888

HOTEL DROUOT, SALLE N° 8

A 2 heures et demie

BONS

TABLEAUX

MODERNES

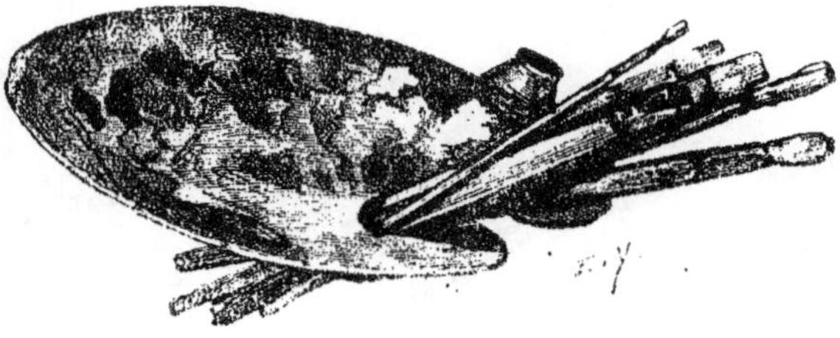

EXPOSITIONS

PARTICULIÈRE	PUBLIQUE
Le Mardi 13 Mars 1888	*Le Mercredi 14 Mars 1888*

De 1 heure à 5 heures

IMPRIMERIE D. DUMOULIN ET Cie
Rue des Grands-Augustins, 5, à Paris.

CATALOGUE

DE

BONS

TABLEAUX MODERNES

PAR

Corot, Daubigny, J. Dupré, Eug. Isabey, Ch. Jacque, Millet, Vollon, Ziem.

J. BAIL
BOLDINI
BOUDIN
CHAIGNEAU
CHINTREUIL

COURBET
DIAZ
HENNER
ROYBET

STEVENS
TROYON
VEYRASSAT
ZUBER-BUHLER
ETC., ETC.

DONT LA VENTE AURA LIEU

HOTEL DROUOT, SALLE N° 8

Le Jeudi 15 mars 1888, à 2 h. et demie

COMMISSAIRES-PRISEURS

Me PAUL CHEVALLIER
10, rue de la Grange-Batelière, 10

Me GEORGES PIERRON
88, rue de la Victoire, 88

EXPERT

M. E. FÉRAL, peintre, faubourg Montmartre, 54.

Chez lesquels se trouve le présent Catalogue.

EXPOSITIONS

PARTICULIÈRE
Le Mardi 13 Mars 1888

PUBLIQUE
Le Mercredi 14 Mars 1888

De une heure à cinq heures.

CONDITIONS DE LA VENTE

La vente sera faite au comptant.

Les acquéreurs payeront cinq pour cent en sus des enchères.

DÉSIGNATION

TABLEAUX

Formant la Collection de feu M. X...

BARON (Henri)

1 — *La Promenade.*

Deux jeunes femmes se promènent dans un jardin, en causant.

Signé à droite.

Bois. Haut., 19 cent.; larg., 15 cent.

BOUDIN

2 — *Plage à marée basse.*

Un bâteau à voile et des bateaux de pêcheurs sont amarrés sur le sable.

Signé à droite.

Toile. Haut., 36 cent.; larg., 57 cent.

BOUDIN

3 — *Le Port de Bordeaux.*

Les quais sont sur la droite ; des navires, dont les mâtures se détachent sur un ciel gris et vaporeux, sont amarrés sur les bords.

Signé à droite.

Toile. Haut., 35 cent.; larg., 56 cent.

BOUDIN

4 — *La Plage de Trouville.*

De nombreux personnages sont assis sur la plage, causant ou regardant la mer.

Signé à gauche.

Bois. Haut., 21 cent.; larg., 40 cent.

BROWN (John-Lewis)

5 — *Palefreniers russes dressant un cheval.*

Signé à droite.

Bois. Haut., 41 cent.; larg., 31 cent.

CHARTRAN

6 — *L'Artiste.*

Il est assis dans son atelier, dessinant d'après le modèle. Un gentilhomme est près de lui.

Signé à droite.

Bois. Haut., 20 cent.; larg., 16 cent.

CHARTRAN

7 — *Le Courtisan.*

Il est dans un paysage, rencontrant une jeune femme dont il baise la main.

Signé à droite.

Bois. Haut., 10 cent.; larg., 8 cent.

CHARTRAN

(PENDANT DU PRÉCÉDENT)

8 — *Les Amants.*

Ils sont étendus au pied d'un rocher, paraissant endormis.

Signé à gauche.

Bois. Haut., 10 cent.; larg., 8 cent.

CHINTREUIL

9 — *Le Matin.*

Une vapeur enveloppe le paysage; une paysanne, assise au pied d'un arbre, surveille deux chèvres qui paissent auprès d'elle.

Signé à gauche.

Toile. Haut., 31 cent.; larg., 45 cent.

COURBET (Gustave)

10 — *Des Rochers.*

Au pied, passe un cours d'eau, sur les bords, un saule et quelques arbustes.

Signé à gauche.

Toile. Haut., 54 cent.; larg., 40 cent.

DAUBIGNY

11 — *Les Bords de l'Oise.* 4.000 / 2560

Vers la gauche, des laveuses; au sommet d'un monticule, une allée d'arbres au bout de laquelle on aperçoit une église dont le clocher se détache sur le ciel.

A droite, un îlot planté de peupliers se reflétant dans les eaux.

Signé à gauche.

Bois. Haut., 23 cent.; larg., 46 cent

DE COCK (Xavier)

12 — *L'Abreuvoir.* 800 / 720

Deux vaches se désaltèrent au bord d'un ruisseau, sous la garde d'une petite bergère.

Dans le fond, des animaux paissent dans une prairie.

Signé à droite.

Toile. Haut., 84 cent.; larg., 1 m. 25 cent.

DE PENNE

13 — *Relais de chiens.*

Le paysage est couvert de neige, les chiens sont groupés autour d'un feu, sous la garde d'un piqueur.

Signé à droite.

Toile. Haut., 47 cent.; larg., 54 cent.

DE PENNE

14 — *Chiens de chasse.*

Ils passent entre des joncs, arrivant au bord d'une mare, ils suivent la piste du gibier qui a laissé des traces sur le sol.

Signé à gauche.

Bois. Haut., 40 cent.; larg. 26 cent.

DUPRAY (H.)

15 — *Général et son ordonnance.*

Ils sont sur leurs chevaux lancés au galop.

Dans le fond, des artilleurs braquent leurs pièces.

Signé à gauche.

Bois. Haut., 27 cent.; larg., 22 cent.

DUPRÉ (Jules)

16 — *Marine.*

Le ciel est nuageux, la mer est houleuse; quelques bateaux à voiles sont secoués par les vagues.

Signé à gauche.

Toile. Haut., 31 cent.; larg., 48 cent.

GEGERFELT (W. DE)

17 — *Port de mer.*

Le ciel est nuageux. De nombreux bateaux de pêche se disposent à partir, gagnant la pleine mer.

Signé à droite.

Bois. Haut., 78 cent.; larg., 1 m. 10 cent.

GEGERFELT (W. DE)

18 — *Vue de Hollande. — Effet de clair de lune.*

Le sol est couvert de neige; au centre, un canal glacé, sur les bords, quelques maisons.

Au second plan, un moulin.

Signé à droite.

Bois. Haut., 42 cent.; larg., 60 cent.

HUMBERT (F.)

19 — *Néron fuyant de Rome.*

Il est monté sur son cheval qui se cabre, effrayé par un cadavre qui lui barre le chemin.

Signé à droite.

Bois. Haut., 31 cent.; larg., 23 cent,

JACQUE (Charles)

20 — *Troupeau de moutons.*

Ils paissent dans un terrain montueux, surmonté de quelques arbres. Au centre, une bergère assise.

Signé à gauche.

Toile. Haut., 74 cent.; larg., 95 cent.

JACQUE (Charles)

21 — *Troupeau de moutons.*

Ils paissent dans une clairière, sous la garde d'un berger assis et tenant un bàton ; à gauche, un vieux chêne, au tronc noueux, dont les branches se détachent sur un ciel nuageux.

Signé à gauche.

Toile. Haut., 75 cent.; larg., 64 cent.

LÉVY (Henri)

22 — *Rodrigue vaincu par les Maures.*

Il est monté sur son cheval, fuyant dans les montagnes.

Signé à droite.

Bois. Haut., 35 cent ; larg., 27 cent.

METTLING

23 — *Portrait d'Homme.*

En buste, la tête de face ; vêtement noir à grandes manches; une médaille sur la poitrine.

Signé à gauche.

Toile. Haut., 53 cent.; larg., 45 cent.

PRIOU (Louis)

24 — *Le Petit Italien.*

Il est dans un bois, nonchalamment étendu sur le sol; un déjeuner frugal et sa cornemuse à ses côtés.

Signé à droite.

Toile. Haut., 62 cent.; larg., 1 m.

ROYBET (François)

25 — *Le Fou.*

En veste, capuchon et maillot rouge; assis sur une chaise, il pince de la mandoline. Sa marotte jetée à terre.

Fond en tapisserie.

Signé à gauche.

Toile. Haut., 55 cent.; larg., 45 cent.

STEVENS (Alfred)

26 — *La Lecture.*

Une jeune femme, en négligé du matin, est étendue sur un divan. Elle lit un roman qui captive son attention.

Toile. Haut., 23 cent.; larg., 70 cent.

VOLLON (A.)

27 — *La Bouillabaisse.*

De nombreux poissons dans une terrine ou jetés sur une table de cuisine parmi lesquels une rascasse.

Signé à droite.

Bois. Haut., 70 cent.; larg., 85 cent.

VOLLON (A.)

28 — *Fruits.*

Des pêches et une grappe de raisin muscat posées à terre.

Signé à gauche.

Toile. Haut., 23 cent.; larg , 31 cent.

VOLLON (A.)

28 *bis* — *Objets d'orfèvrerie.*

Une coquille montée sur un pied en vermeil posé sur une table couverte d'un tapis vert ; auprès, une canette de même métal et un bouquet de violettes.

Signé à gauche.

Bois. Haut., 55 cent.; larg , 41 cent.

VUILLEFROY

29 — *Pâturage. — Effet de soleil levant.*

Un taureau et une vache se désaltèrent au bord d'un ruisseau; dans le fond, un berger et son chien.

Signé à droite.

Toile. Haut., 63 cent.; larg., 78 cent.

ZIEM

30 — *Venise.*

Le quai des Esclavons, au soleil levant; à gauche, le petit pont; différents personnages se disposent à monter dans une gondole.

Bois. Haut., 76 cent.; larg., 1 m. 10 cent.

TABLEAUX

Dépendant de la Collection de M. ***

BAIL (Joseph)

31 — *La Cuisinière.* 800 / 565

Assise devant une table, elle nettoie une casserole de cuivre rouge; auprès sont un chandelier, une bouteille et une écumoire.

Signé à droite.

Toile. Haut., 73 cent.; larg., 60 cent.

BAIL (Joseph)

32 — *Poissons.* 600 / 500

Une carpe, des brochets auprès d'un chaudron de cuivre jaune.

Le tout sur une table de pierre.

Signé à droite.

Toile. Haut., 58 cent.; larg., 72 cent.

BARILLOT (L.)

33 — *Chienne griffon et ses petits.*

Signé à droite.

Toile. Haut., 43 cent.; larg., 54 cent.

BOLDINI

34 — *Jeune Fille, en buste.*

La tête de profil; les cheveux blonds, nattés; les épaules nues.

Signé à gauche.

Toile. Haut., 55 cent.; larg., 33 cent.

BONNAUD (Frédéric)

35 — *Objets orientaux.*

Sur une table couverte d'un tapis vert, à fleurs.

Signé à droite.

Bois. Haut., 59 cent.; larg., 71 cent.

CARPENTIER (E.)

36 — *La Gardeuse de chèvres.*

Assise sur un coteau couvert de genêts et de bruyères en fleurs; son chien est couché près d'elle.

Signé à gauche.

Toile. Haut., 37 cent.; larg., 45 cent

CHAIGNEAU (F.)

37 — *L'Orage.*

Le ciel est chargé de gros nuages qui obscurcissent le paysage jusqu'à l'horizon.

Au centre, un rayon de soleil éclaire un berger rentrant au logis, suivi de son troupeau.

Signé à droite.

Bois. Haut., 25 cent.; larg., 33 cent.

CHAIGNEAU (F.)

38 — *Environs de Fontainebleau.*

Des moutons paissent au centre dans un terrain inégal, entrecoupé de rochers.

Un berger les garde, aidé de son chien.

Signé à droite.

Bois. Haut., 32 cent.; larg., 40 cent.

CHAIGNEAU (F.)

39 — *Coup de soleil, par un temps d'orage.*

Un troupeau de moutons défilant entre deux monticules et descendant près d'une mare qui se trouve au premier plan. Un vif rayon de soleil éclaire le milieu du troupeau.

Bois. Haut., 27 cent.; larg., 34 cent.

CHINTREUIL

39 *bis*. — *Les Champs, aux premières clartés du matin.*

Œuvre importante de l'artiste.

Gravé dans la « Vie et l'Œuvre de Chintreuil, » par A. de La Fizelière, Champfleury et H. Henriet.

Toile. Haut., 98 ceet.; larg., 2m,10.

CHINTREUIL

40 — *Paysage.*

Effet de neige.

Toile. Haut., 41 cent.; larg., 64 cent.

CHINTREUIL

41 — *Marine.*

Toile. Haut., 49 cent.; larg., 64 cent.

COROT

42 — *Le Sentier.*

Il serpente dans un sol marécageux, passant entre deux massifs d'arbres verdoyants ; à droite, une femme se penche pour cueillir quelques fleurs; plus loin, un homme parle à une paysanne qui garde une chèvre.

Signé à gauche.

Charmant tableau, ayant la finesse et la poésie que l'on trouve dans les belles œuvres de l'artiste.

Toile. Haut., 31 cent.; larg., 39 cent

COROT

43 — *Soleil couchant.*

De grands arbres s'élèvent au bord d'un lac se détachant sur un ciel bleu semé de légers nuages. Au centre, une paysanne et son enfant gardent une vache.

Signé à droite et daté 1851.

Bois. Haut., 56 cent.; larg., 68 cent.

COURBET (Gustave)

44 — *Les Braconniers.*

Le sol est couvert de neige ; deux braconniers, portant leur gibecière et leur fusil en bandoulière et tenant chacun leur chien en laisse, suivent la piste d'un chevreuil dont les pas ont laissé des traces sur le sol.

Œuvre importante de l'artiste, signée à gauche et datée 67.

Toile. Haut., 1 m. ; larg., 1 m. 20 cent.

COURBET (G.)

45 — *La Source du Lison, près Nans-sous-Sainte-Anne.*

Le cours d'eau passe entre des rochers qui se reflètent dans ses eaux calmes et transparentes.

Ciel nuageux.

Œuvre importante du maître, signée et datée 1873.

Toile. Haut., 97 cent. ; larg., 1 m. 47 cent.

COURBET (G.)

46 — *Intérieur de forêt.*

Sur le devant, une clairière ; à gauche, un buisson et des blocs de rochers couverts de neige se détachant sur le fond sombre et vaporeux de la forêt.

Signé à droite.

Toile. Haut., 25 cent.; larg., 44 cent.

DAUBIGNY

47 — *Les Bords de l'Oise.*

Vers la droite, des arbres s'élèvent au-dessus d'un monticule verdoyant. Des joncs et des plantes aquatiques poussent au bord de la rivière.

Ce tableau provient de la vente après le décès de l'artiste.

Bois. Haut., 40 cent.; larg., 65 cent.

DAUBIGNY

48 — *Bord de rivière.*

Quelques arbres, au centre desquels se trouvent des bouleaux, s'élèvent, se reflétant dans les eaux qui coulent au premier plan.

Signé à gauche.

Bois. Haut., 35 cent.; larg., 53 cent.

DAUBIGNY

49 — *Le Pont de Mantes.*

La ville se profile au second plan, en partie cachée par quelques arbres.

Au premier plan, une paysanne chasse un troupeau d'oies qui courent vers la rivière.

Signé et daté 1873.

Toile. Haut., 37 cent.; larg., 67 cent.

DEFAUX

50 — *Environs de Paris.*

Deux jeunes femmes suivent un chemin de traverse qui coupe un champ de blé.

Dans le fond, un village que domine le clocher de l'église.

Signé à droite.

Toile. Haut., 58 cent.; larg., 84 cent.

DIAZ (N.)

51 — *Sous bois.*

Un sentier passe entre les arbres éclairés, à différents plans, par les rayons du soleil.

Signé à gauche.

Bois. Haut., 31 cent.; larg., 40 cent.

DUPRÉ (JULES)

52 — *L'Abreuvoir.*

Des vaches se désaltèrent dans un cours d'eau qui s'étend vers la droite ; sur les bords, une cabane de bûcheron, au pied d'un chêne dont les branchages se détachent sur un ciel chargé de gros nuages qui font présager l'approche d'un orage.

Vers le fond, quelques maisons couvertes de chaume.

Signé à gauche.

Bois. Haut., 24 cent., larg., 32 cent.

DUPRÉ (JULES)

53 — *Marine au soleil couchant.*

Le soleil disparaît à l'horizon, éclairant d'un ton rouge flamboyant les nuages et faisant scintiller les vagues.

On aperçoit, vers le fond, deux petits bateaux à voile.

Signé à gauche.

Toile. Haut., 31 cent.; larg., 40 cent.

HENNER

6000 / 4000

54 — *La Toilette.*

C'est une jeune fille blonde, vue en buste, la tête de trois quarts, regardant vers la gauche. Les épaules nues, elle tient ses cheveux et paraît occupée à se coiffer.

Signé dans le haut, à gauche.

Toile. Haut., 45 cent.; larg., 31 cent.

ISABEY (Eugène)

55 — *Un Massacre dans une église.*

Deux moines, tenant chacun un Christ et une épée, semblent donner le signal du massacre. Des femmes fuient éplorées, emportant leurs enfants ; d'autres gisent sur le sol, auprès de leurs maris morts. Les massacreurs descendent un escalier de bois qui conduit à l'orgue ; des hommes sont jetés des galeries qui entourent l'église.

Cette scène est une œuvre des plus dramatiques, pleine de mouvement.

C'est un des plus remarquables tableaux de l'artiste.

Signé à gauche et daté 68.

Il provient de la collection de M. Alf. Saucède et a figuré à l'Exposition universelle de 1878.

Toile. Haut., 93 cent.; larg., 69 cent.

ISABEY (Eug.)

56 — *Plage.*

Le ciel est couvert de gros nuages, la mer est houleuse, des bateaux de pêcheurs sont amarrés sur le sable. On aperçoit, vers le fond, un village éclairé par un rayon de soleil.

Signé à gauche.

Bois. Haut., 32 cent.; larg., 44 cent.

KIORBOÉ

57 — *L'Inondation.*

Tableau connu par la gravure, représentant une chienne montée sur sa niche entraînée par les eaux et suivie de ses petits.

Dans le fond, un village submergé.

Signé à gauche.

Toile. Haut., 73 cent.; larg., 91 cent.

LAZERGE (H.)

58 — *Femmes arabes prenant de l'eau à un puits.*

L'une, vêtue d'une robe rouge, penchée sur l'orifice du puits; l'autre debout, sa cruche posée près d'elle.

A droite, un aloès et des palmiers se détachant sur un ciel bleu sans nuage.

Signé à droite.

Bois. Haut., 50 cent.; larg., 35 cent.

LAZERGE (H.)

59 — *Berger arabe.*

Assis sur un rocher, au bord de la mer, les jambes croisées, la tête vue de profil, son chapeau de paille et son bâton posés près de lui.

A l'horizon, on aperçoit quelques bateaux à voiles.

Signé à droite.

Bois. Haut., 80 cent.; larg., 59 cent

MILLET (J.-F.)

60 — *La Tonte des moutons.*

Une femme tond un mouton, pendant qu'un paysan, en chapeau mou et blouse bleue, le maintient sur un cuvier renversé.

Signé à droite.

Ce Tableau a figuré à l'exposition des œuvres de Millet, à l'École des Beaux-Arts.

Toile. Haut., 40 cent.; larg., 25 cent.

MILLET (J.-F.)

61 — *La Gardeuse d'oies.*

Une femme ouvre la porte à claire-voie d'un clos, et, armée d'un balai, elle chasse un troupeau d'oies qui se précipitent vers une mare.

Au second plan, on aperçoit le toit d'une chaumière.

Pastel, signé à droite.

A figuré à l'exposition des œuvres de Millet, à l'École des Beaux-Arts.

Haut., 45 cent.; larg., 55 cent.

MONET (Claude)

62 — *Vue de Belle-Isle-en-Mer.*

Toile. Haut., 63 cent.; larg., 80 cent.

MOSLER (Henri)

63 — *Le Marchand d'étoffes.*

C'est le magasin d'un marchand de campagne ; un jeune paysan mesure la jupe d'une jeune fille, pendant qu'une vieille femme examine une étoffe de soie.

Signé à gauche.

Toile. Haut., 1 m. 03 cent.; larg., 1 m. 35 cent.

PASINI

64 — *La Campagne de Rome.*

Un pays plat où serpente un cours d'eau ; des bergers se chauffent auprès d'un feu ; plus loin, des bestiaux.

Ciel nuageux.

Signé à gauche.

Bois. Haut., 24 cent.; larg., 38 cent.

ROYBET

65 — *Le Chanteur ambulant.*

Assis sur un banc, les jambes croisées, plume au chapeau, il chante en s'accompagnant de la mandoline.

Signé à gauche.

Toile. Haut., 55 cent.; larg., 45 cent.

ROZIER

66 — *Natures mortes.*

Un lièvre, des faisans, des perdrix et autres pièces de gibier sur une table de cuisine; une gibecière est accrochée au mur.

Signé à droite.

Toile. Haut., 79 cent.; larg., 1 m. 10 cent.

TROYON (Constant)

67 — *La Chaumière.* 2000/1600

Elle est sur la droite et en partie cachée par un massif de saules. Au centre, un paysan regarde un troupeau d'oies prenant leurs ébats dans un ruisseau qui coule au premier plan.

Signé à droite.

Bois. Haut., 26 cent ; larg., 38 cent.

VEYRASSAT (J.)

68 — *Rue d'un village, dans les Pyrénées.* 1000/830

Au premier plan, une fontaine où trois femmes viennent prendre de l'eau; à gauche, un paysan conduit un chariot attelé de bœufs.

Signé à droite.

Bois. Haut., 32 cent.; larg., 47 cent.

ZUBER-BUHLER

800
605

69 — *Un Roman du bon vieux temps.*

Une jeune fille assise, la tête penchée sur le dossier du fauteuil, vêtue d'une robe bleue, tient un livre qui semble la faire rêver.

Signé à gauche.

Bois. Haut., 40 cent.; larg., 32 cent.

ZUBER-BUHLER

500
395

70 — *Le Bouquet de fleurs des champs.*

Une jeune fille, coiffée d'un chapeau de paille qu'elle a orné de liserons, court dans les blés, où elle vient de faire un bouquet.

Signé à gauche.

Toile Haut., 33 cent.; larg., 24 cent.

www.ingramcontent.com/pod-product-compliance
Lightning Source LLC
LaVergne TN
LVHW021527140926
848035LV00047B/1237

* 9 7 8 2 3 2 9 5 2 8 8 7 8 *